20 Février 1893.

V

Vente des Lundi 20 et Mardi 21 Février 1893

HOTEL DROUOT, SALLE N° 11

à 2 heures 1/4

ARGENTERIE

BIJOUX, OBJETS DE VITRINE

Buste de femme grecque en marbre

MEUBLES, OBJETS D'ART

TABLEAUX

Arrivant de Hollande

BIJOUX, ARGENTERIE, CURIOSITÉS

*Appartenant à Madame X****

Me Paul CHEVALLIER
COMMISSAIRE-PRISEUR
10, rue de la Grange-Batelière, 10

M. A. BLOCHE
EXPERT PRÈS LA COUR D'APPEL
25, rue de Châteaudun, 25

EXPOSITION PUBLIQUE

Le Dimanche 19 Février 1893, de 2 heures à 5 heures 1/2

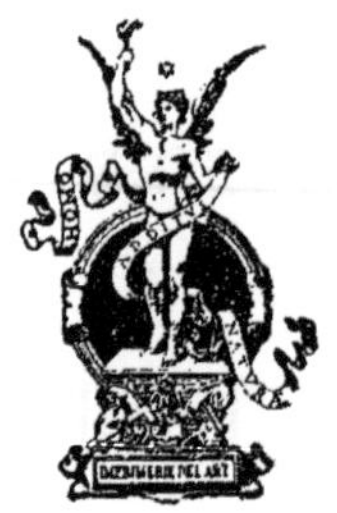
HOMO
NATURA

CATALOGUE

DE

ARGENTERIE

ANCIENNE ET DE STYLE

BIJOUX ANCIENS ET MODERNES

Porcelaines, Miniatures, Éventails

BEAU BUSTE DE FEMME GRECQUE EN MARBRE

SCULPTURES SUR IVOIRE, TABLEAUX DE L'ÉCOLE FLAMANDE

PENDULE EN MARQUETERIE DE LA RÉGENCE

MEUBLES EN MARQUETERIE HOLLANDAISE

Vitrines, Encoignures, Horloges, Toilette

ARRIVANT DE HOLLANDE

Bijoux, Diamants, Pierres de couleur, Argenterie

Appartenant à Madame X***

DONT LA VENTE AURA LIEU

HOTEL DROUOT, SALLE N° 11

Les Lundi 20 et Mardi 21 Février 1893

A 2 HEURES 1/4

Me P. CHEVALLIER	**M. A. BLOCHE**
COMMISSAIRE-PRISEUR	EXPERT PRÈS LA COUR D'APPEL
10, rue Grange-Batelière, 10	25, rue de Châteaudun, 25

Chez lesquels on trouve le présent Catalogue.

EXPOSITION PUBLIQUF

Le Dimanche 19 Février 1893, de 2 heures à 5 heures 1/2

CONDITIONS DE LA VENTE

Elle sera faite au comptant.

Les acquéreurs payeront *cinq pour cent* en sus des adjudications, applicables aux frais de la vente.

L'exposition mettant le public à même de se rendre compte de l'état des objets, aucune réclamation ne sera admise une fois l'adjudication prononcée.

Paris — Imp. de l'Art. E. Ménard et Cie, 41, rue de la Victoire.

DÉSIGNATION DES OBJETS

ARGENTERIE

1 — Joli moutardier sur plateau adhérent en argent repoussé, décor à guirlandes de fleurs, feuilles d'acanthes, bordure perlée. Époque Louis XVI.

2 — Poivrière, forme perdrix, grandeur nature, en argent repoussé. Époque XVIIIe siècle.

3 — Grande et belle ménagère en argent gravé et repoussé, avec trois flacons en verre rouge gravé à ornements et ceps de vigne. Époque Louis XV.

4 — Huilier en argent fondu et ciselé, décor rocailles avec burettes en verre bleui. Époque Louis XV.

5 — Quatre flambeaux de forme originale, en argent, fond gravé, décor guirlandes et médaillons en relief. Époque Louis XVI.

6 — Grande et belle corbeille ovale, bords à contours en argent, dessin treillagé à jour avec arabesques et guirlandes, mascarons, têtes de béliers et mufles de lions ciselés. Travail flamand de l'époque Louis XVI.

7 — Paire de flambeaux en argent, dessin cannelé, bords perlés. Époque Louis XVI.

8 — Paire de bouts de table à deux lumières, en argent, couronnés par des figurines de Renommées. Époque Empire.

9 — Deux plats ronds en argent repoussé, offrant au centre des bustes de personnages et sur le bord des oiseaux, des fleurs et des papillons. Époque Louis XV.

10 — Plat rond en argent repoussé, offrant sur l'ombilic un lion héraldique et sur le bord des guirlandes de fleurs. Époque Louis XVI.

11 — Plat rond en argent repoussé, décor à guirlandes de lauriers. Époque Louis XVI.

12 — Compotier en cristal avec couvercle sur pied en argent gravé.

13 — Guéridon miniature en argent repoussé, décor à rocailles, formant cassolette. Époque Louis XV.

14 — Neuf boîtes et bonbonnières en argent repoussé et gravé, de différentes formes. Époque XVIIIe siècle.

15 — Joli gobelet avec couvercle en argent repoussé, décor fleurs et rocailles. Style Louis XV.

16 — Grand plat rond en argent repoussé et ciselé, offrant sur les bords des médaillons à sujets allégoriques aux sciences, des mascarons sur cartouches. Dessin inspiré de Briot, attribué au XVIe siècle.

17 — Paire de flambeaux en argent repoussé et gravé, décor à médaillons, bustes de personnages et guirlandes. Époque Louis XVI.

18 — Paire de flambeaux en argent repoussé et gravé, plus grands que les précédents, à base carrée.

19 — Paire de grands flambeaux en argent, à base côtelée.

20 — Panier à pain en argent, bordure à jour à guirlandes de vignes. Premier Empire.

21 — Cornet en vieux Chine, décor bleu sur blanc, monture en argent.

22 — Calice en argent.

23 — Grand plateau à deux anses en bois, monture en argent.

24 — Sucrier ovale en argent repoussé, à deux anses repercées ornées d'amours et de corbeilles d'abondance, le tour décoré d'oiseaux et d'arabesques. Époque Louis XIII.

25 — Sucrier rond en argent repoussé, décoré de feuillages à volutes et corbeilles de fleurs. Époque Louis XIII.

26 — Gobelet hexagonal en argent repoussé, décor à petits personnages. Style Louis XIV.

27 — Verre en argent gravé, élevé sur trois pieds à griffes et feuillages. Louis XIII.

28 — Petit coffret oblong en argent repoussé, décor à sujets de chasse et rocailles. Style Louis XIV.

29 — Deux boîtes oblongues en argent repoussé, décor à sujet de chasse et scène guerrière encadré de rocailles. Style Louis XV.

30 — Coffret en argent repoussé et découpé à jour avec glace à l'intérieur, décoré de cartels à figures et de rocailles. Style Louis XV.

31 — Plumier en argent repoussé, décor à cartel, petits personnages, bordure rocaille. Style Louis XV.

32 — *Nouveau Testament*, en hollandais, édition de 1775, avec reliure en cuir doré au petit fer, fermoir en argent, doré sur tranche.

33 — Huilier et deux salières, époque Louis XVI, fond verdi et doré en étain.

34 — Monture d'escarcelle en argent ciselé. Époque Louis XIV.

35 — Monture d'escarcelle en argent ciselé et repercé à jour. Époque Louis XIV.

36 — Boîte à thé en argent repoussé, décor à paysages et personnages. Style Louis XVI.

37 — Boîte forme cœur en argent repoussé, décor personnages dans un paysage.

38 — Boîte ovale en argent repoussé, décor sujet de chasse.

39 — Plumier en argent repoussé, allégorie à l'agriculture.

40 — Petit coffret en argent repoussé, couvercle décoré de paysages et de personnages.

41 — Bonbonnière forme coquille en argent, représentant des personnages.

42 — Châtelaine nécessaire de dame, en argent

ciselé, médaillons à figures suspendus à des chaînes, avec bonbonnière, étui, flacon, ciseaux et cassolette. XVIIe siècle.

43 — Couvert en argent avec manche représentant des joueurs de cornemuse. XVIIe siècle.

44 — Cuillère à sucre et à fraises en argent. Époque premier Empire.

45 — Trois bonbonnières rectangulaires en argent repoussé, décor et forme variés. (Sera divisé.)

46 — Petite boîte à thé en argent repoussé, décor animaux et personnages dans des paysages.

47 — Agrafe de manteau en argent représentant des médailles à figures équestres.

48 — Sept petites chaises en argent, décor et forme variés.

49 — Petit canapé en argent repoussé. Louis XV.

*

50 — Petit violon avec son archet en argent.

51 — Paire de petits vases à anses en argent.

52 — Quatre cuillères en argent artistique.

53 — Onze groupes et figurines en argent : Acrobates, Marchands forains, etc. (Sera divisé.)

54 — Neuf pièces ustensiles de ménage, forme minuscule, en argent repoussé. (Sera divisé.)

55 — Quatre petites boites de différentes formes, en argent repoussé, Louis XV. (Sera divisé.)

56 — Trois petits seaux et un gobelet miniatures en argent.

57 — Sept petites théières, bouillotte bouilloire, fontaine sur trépied en argent.

58 — Étui en argent, décor de guirlandes de fleurs.

59 — Vingt-sept petites cuillères en argent artistique.

60 — Débourre-pipe en argent ancien.

ÉVENTAILS

61 — Éventail du temps de Louis XVI, représentant Eliezer et Rebecca à la fontaine, monture en nacre rehaussée d'or.

62 — Éventail Louis XV, représentant Jésus-Christ appelant à lui les petits enfants, monture en nacre rehaussée d'or.

63 — Éventail Louis XV, scène champêtre, monture en nacre rehaussée d'or.

64 — Éventail du temps de Louis XVI, feuille à médaillon, monture en ivoire.

65 — Éventail Louis XV, feuille à médaillons, monture en ivoire finement sculptée.

66 — Éventail Louis XV, à sujets champêtres, monture en ivoire.

67 — Éventail Louis XV, représentant une allégorie à la moisson, monture en ivoire sculpté à jour.

68 — Éventail Louis XV, feuille à sujets allé-

goriques, au jardin d'Armide, monture en ivoire.

69 — Éventail en ivoire laqué et doré. Travail ancien chinois.

70 — Petit éventail en ivoire à double face, à sujets allégoriques, peint et doré. Époque Louis XV.

71 — Éventail en ivoire avec médaillons, vernis Martin. Époque Louis XV.

72 à 78 — Sept éventails anciens et modernes avec monture en nacre et ivoire. (Sera divisé.)

OBJETS DE VITRINE

MONTRES, BIJOUX

79 — Montre en or repoussé à double boîtier du temps de Louis XV, décor à sujet mythologique et rocailles.

80 — Montre en or repoussé à double boîtier, représentant le Baptême. Encadrement à rocailles. Époque Louis XV.

81 — Montre en caillou d'Égypte, monture en or. Époque Louis XV.

82 — Montre en or de couleur, dessus émaillé représentant une jeune femme et son enfant jouant avec des oiseaux ; cadran signé Chevallier. Époque fin Louis XVI.

83 — Montre en or émaillé représentant sur le boîtier *la Déclaration*, fond de paysage ensoleillé. Époque Louis XVI.

84 — Montre à double boîtier en argent repoussé, décor à sujets allégoriques et rocailles. Époque Louis XV.

85 — Curieux service de chasse en corne et argent dans sa gaine en cuir. XVIe siècle.

86 — Trois flacons en porcelaine, monture en argent.

87 — Flacon-bonbonnière en cristal, monture en argent doré, guilloché et gravé.

88 — Deux cuillères forme médailles en argent. XVIIe siècle.

89 — Trois débourre-pipe, en argent. XVIIe siècle.

90 — Chaîne de gousset en or avec médaillon à double face, miniature d'un côté et trophée de l'autre. Fin XVIIIe siècle.

91 — Paire de pendants d'oreilles en or émaillé enrichi de rubis et perles. XVIe siècle.

92 — Pendant de cou, forme médaillon en or avec miniature : Portrait de femme et portrait d'homme.

93 — Broche avec miniature : Portrait d'homme, dessin en cheveux au revers, monture or.

94 — Deux cachets en or, enrichis d'améthystes.

95 — Broche-camée dur, tête de Bacchante, monture or avec grenat.

96 — Beau camée sur onyx oriental, entouré de brillants. XVIIIe siècle.

97 — Broche-pendentif, avec topaze au centre, monture tout enrichie de roses et de brillants.

98 — Broche en or, enrichie de rubis de Siam et de roses.

99 — Applique forme gerbes, tout en roses anciennes ; monture argent.

100 — Médaille en argent, à l'effigie de Gustave-Adolphe, renfermant une miniature sur ivoire : Portrait d'homme.

101 — Cachet en argent et ivoire sculpté.

102 — Tabatière en ivoire.

103 — Pendant de cou en brillants avec un rubis monté à griffe.

104 — Broche enrichie au centre d'une grande turquoise, de quatre perles fines et de seize brillants.

105 — Paire de pendants d'oreilles en argent, avec roses de Hollande. Époque Louis XIII.

106 — Paire de pendants d'oreilles, en roses de Hollande, montés en argent. Époque Louis XIII.

107 — Paire de pendants d'oreilles, enrichis de rubis de Siam, de roses et de perles. Travail ancien et indien.

108 — Petite broche ovale, enrichie de trois jolies roses de Hollande, monture argent.

109 — Broche ancienne en argent repercé, enrichie de roses.

110 — Pendant de cou, forme Amour et couronne en argent doré, enrichi de rubis et de roses.

111 — Croix ancienne en argent, enrichie de huit brillants.

112 — Bague ancienne, ornée de rubis et de roses.

113 — Bague écusson, ornée de roses et de rubis.

114 — Bague or et roses anciennes.

115 — Paire de pendants d'oreilles en onyx et perles fines.

116 — Bague, avec rosace ancienne, tout en roses.

117 — Paire de boucles d'oreilles, formée de deux brillants et de deux topazes roses.

118 — Broche or, enrichie de quatre perles et cinq brillants.

119 — Paire de pendants d'oreilles, émeraudes et roses.

120 — Broche, en or mat, avec brillant de table.

121 — Jolie croix ancienne, enrichie d'un beau et gros brillant ancien et de cinq topazes roses.

122 — Épingle de coiffure en brillants, forme étoile dans un croissant.

123 — Broche-pendentif en or, enrichie d'une perle et de brillants.

124 — Épingle à chapeau formée d'une perle, d'une améthyste, de deux turquoises et d'un œil de tigre.

125 — Paire de pendants d'oreilles, forme étoiles avec croissant, tout en brillants et roses. Monture or émaillée noire.

126 — Grand médaillon ovale en or, enrichi de brillants, de roses et de perles.

127 — Broche-pendentif en or avec camée dur : Nymphe au serpent, perles fines et turquoises.

128 — Épingle à chapeau, forme papillon, pierre de lune, saphirs, rubis et perles.

129 — Bracelet en or mat, enrichi de perles et coraux roses.

130 — Bague en or, formée d'une opale et de deux petits brillants.

131 — Paire de boucles d'oreilles, brillants et turquoises.

132 — Pendant d'oreilles en or, brillants, perles et émeraudes.

133 — Broche, forme trophée, perles et roses.

134 — Petite poudrière en fer ciselé incrusté d'argent, ornée de deux cariatides ailées. XVIe siècle.

135 — Poudrière en fer ciselé avec armoirie. XVIIe siècle.

136 — Flacon en ancien émail de Battersea.

137 — Boîte, forme oiseau en ancien émail.

138 — Bague de mariage en fer ciselé, offrant sur le corps un accouplement de cariatides enrichi d'un petit brillant. Travail de la Renaissance.

139 — Fixé sur verre. École anglaise.

140 — Médaillon en biscuit de Sèvres imitant le Wedgvood, représentant Vénus et l'Amour. Cadre en bronze doré Louis XVI.

141 à 151 — Onze miniatures de différentes écoles. (Sera divisé.)

152-153 — Deux bonbonnières dont une avec miniature et l'autre à figure de femme, ombrée noire sur fond d'or.

154 — Applique en bronze avec aigle et léopard.

155 — Poignard japonais avec fourreau et poignée en os gravé.

156 — Casse-noisettes en fer ancien.

157 à 160 — Sept plaquettes et médailles en bronze.

161 — Châtelaine avec cachet en acier. Époque Louis XVI.

162 — Deux cachets en fer et un autre en cristal de roche.

163 — Taille-plume d'oie dans sa gaine, avec manche en ivoire incrusté d'argent. XVIe siècle.

MEUBLES, CUIVRES, BRONZES
OBJETS DIVERS

164 — Meuble-toilette en marqueterie de bois, dessin : Jardinière et bouquet de fleurs. Travail hollandais.

165 — Six chaises de style Louis XVI, en bois sculpté, dossier à guirlandes.

166 — Deux meubles-vitrines à deux corps en marqueterie de bois, dessin à corbeille de fleurs et personnages grotesques. Travail hollandais.

167 — Meuble à deux corps, vitrine d'encoignure en marqueterie hollandaise.

168 — Deux petits meubles d'encoignure à deux battants en marqueterie hollandaise.

169-170 — Deux meubles d'encoignure, ornés de pentures à sujets, le haut à étagères.

171-172 — Deux horloges d'applique en marqueterie hollandaise.

173 — Horloge à cage en bois de placage avec mouvement multiple et cadran indiquant les jours, les heures et les quantièmes ainsi que les phases de la lune et du soleil ; le fronton est orné de figurines en bois doré : Hercule et Renommées.

174 — Miroir biseauté, cadre en bois doré, fronton avec médaillon à figures.

175 — Glace d'entredeux avec cadre en bois doré et fronton plein. Louis XVI.

176 — Glace biseautée avec cadre en bois doré, fronton, vase de fleurs et guirlande. Époque Louis XVI.

177 — Grand et beau buste de femme grecque en marbre blanc. Travail ancien.

178 — Divinité égyptienne en marbre vert antique, assise sur un trône couvert d'hiéroglyphes.

179 — Joli groupe en ivoire représentant la Vierge et l'Enfant, avec couronne en argent du temps de Louis XIV.

180 — Deux figurines en stéarine : Bacchantes, d'après Clodion

181 — Bas-relief rectangulaire, en fer repoussé, représentant le Triomphe d'Amphitrite.

182 — Belle et grande pendule avec socle d'ap-

plique en marqueterie de cuivre et ornée de bronze doré d'écaille, avec figure mythologique au fronton et bas-relief allégorique du Temps sur la facade. Époque Régence.

183 — Pendule en bois sculpté et doré. Époque Louis XVI.

184 — Pendule en bois et marbre, surmontée d'un groupe en biscuit.

185 — Trois fontaines anciennes, en cuivre jaune.

186 — Pichet en étain.

187-188 — Quatre flambeaux, cuivre et composition.

189 — Boîte, œuf en filigrane et émail.

190 — Trois figurines, genre Chelsea.

191 — Trois coupes à fruits, en porcelaine blanche ajourée.

192 — Deux assiettes en vieux Japon, décor à rosace bleue.

193 — Quatre figurines en porcelaine de Naples, représentant les Saisons.

194 — Quatre soucoupes et quatre tasses, en vieux Chine, décor à fleurs.

195 — Plateau, théière, pot à crème en vieux Chine, de la famille rose.

196 — Bol en vieux Chine, décor à médaillons, figures et fleurs.

197 — Deux petites galoches, en Delft, décor à figures et fleurs.

198-199 — Cinq bouteilles en verre gravé.

200 — Petit cartel en bois sculpté et doré, à figure de Mars couché et rocailles. Époque Louis XIV.

201 — Deux médaillons, bois sculpté, représentant des animaux.

202 — Petite horloge en bois sculpté, datée de 1777.

203 — Divinité boudhique et ancienne, en bois.

204 — Petit arbre en fer.

205 — Porte-bouquet indien, en cuivre doré et gravé.

206 — Petite théière en étain. Travail chinois.

207 — Plat en cuivre repoussé, à écusson.

208 — Bas-relief en cuivre doré : la Vierge surveillant le sommeil de l'Enfant.

209 à 215 — Seize groupes et figurines, en porcelaine d'Allemagne et autres. (Sera divisé.)

216 — Paire de vases en porcelaine de l'Empire : paysage et fond d'or.

217 — Deux plats à barbe, en porcelaine du Japon.

218 — Grand plat en vieux Chine, décor de la famille verte.

219 — Trois plats de Delft, décor polychrome.

220 — Fontaine du Japon, décor polychrome.

221 — Théière en grès.

222 — Narghilé ancien avec son tuyau.

223 — Encrier avec son couvercle, en vieux Chine, fond capucine.

TABLEAUX

224 — Rubens (École de). La Vierge et l'Enfant. Cadre en bois sculpté.

225 — Cols (C.). Tête de vieillard coiffé d'un turban.

226 — École flamande. L'Homme à la cruche. Cadre ancien en bois sculpté et doré.

BIJOUX

APPARTENANT A Mme X...

227 — Broche en or enrichie d'un brillant noir entouré de douze brillants blancs.

228 — Grande branche feuillage et églantine en brillants.

229 — Bracelet en or artistique, enrichi au centre d'une turquoise et de diamants sur les côtés.

230 — Paire de boutons d'oreilles formés de deux grosses perles fines.

231 — Paire de boutons d'oreilles formés de deux gros saphirs entourés de trente-deux brillants.

232 — Bracelet en or enrichi de dix-sept rubis avec entrelacs en roses.

233 — Bracelet en or enrichi de dix-sept émeraudes entrelacs et roses.

234 — Épingle de cravate en or composée d'une belle perle fine.

235 — Bague formée d'un gros brillant solitaire ancien.

236 — Épingle à cheveux en écaille blonde avec ornements en brillants anciens.

237 — Montre de dame en or à remontoir, enrichie d'ornements en brillants.

238 — Broche-barrette en or enrichie de trois rubis et quatre brillants.

239 — Bague en or enrichie de cinq rubis entrelacés de roses.

240 — Bague en or formée d'une turquoise fine, entourée de douze brillants.

241 — Bague jonc en or, enrichie d'une émeraude et deux brillants.

242 — Bracelet en or, forme diadème en brillants.

243 — Épingle de cravate, formée d'un bril lant entouré de huit saphirs.

244 — Épingle de cravate, forme tête de nègre en or, ornée d'un diamant.

245 — Bague en or ornée d'un rubis cabochon et deux gros brillants.

246 — Broche forme éventail, en or, émeraudes et diamants.

247 — Broche abeille, traversée d'une flèche en diamants.

248 — Paire de pendeloques anciennes en or, perles fines et diamants.

249 — Collier d'un rang de cinquante-six perles d'Orient avec fermoir composé d'un rubis de Siam et deux brillants.

250 — Paire de boucles d'oreilles formées de deux rubis d'Orient entourés de brillants.

251 — Bague-chevalière composée d'un rubis cabochon entouré de diamants.

252 — Bracelet en or mat, modèle corde, enrichi de rubis et de brillants.

253 — Bague-marquise en rubis et brillants.

254 — Bague en or avec grosse rose montée à griffes.

255 — Bague en or enrichie d'un brillant.

256 — Bague-marquise en or émaillé noir, enrichie de brillants.

257 — Rivière en perles, turquoises, rubis cabochons et roses.

ARGENTERIE, OBJETS DIVERS

258 — Encrier en argent. Style Louis XVI.

259 -- Cendrier en argent artistique.

260 — Allume-cigare, forme tonneau, en argent.

261 — Aiguière avec son plateau en argent.

262 — Cafetière en argent.

263 — Plat rectangulaire en argent.

264 — Statuette en argent : Guerrier.

265 — Jardinière en faïence de Rouen.

266 — Cartel en bronze doré. Style Louis XVI.

267 — Pendule en bronze doré, surmontée d'une statuette : Paris. Époque premier Empire.

www.ingramcontent.com/pod-product-compliance
Ingram Content Group UK Ltd.
Pitfield, Milton Keynes, MK11 3LW, UK
UKHW021116290826
14628UKWH00014B/2592

9 782329 539287